WIR WERDEN TEXTDETEKTIVE

Arbeitsheft

Mein Name
_____

Vandenhoeck & Ruprecht

Erarbeitet von:

Andreas Gold
Judith Mokhlesgerami
Katja Rühl
Stephanie Schreblowski
Elmar Souvignier

Mit Zeichnungen von Judith Mokhlesgerami.

Quellen: S. 20f.: aus M. Stebich, Von Schelmen und närrischen Leuten. Schwänke und Schnurren aus vielen Ländern,
Verlagsbuchhandlung Julius Breitschopf jun., Wien 1961, S. 136. – S. 26f.: aus W. Ecke, Das Gesicht an der Scheibe.
20 spannende Kriminalfälle zum Selberlösen, Otto Maier, Ravensburg 1972, S. 25-29. – S. 34-35: © Herbert Birken,
Altea. – S. 45-47: aus W. Ecke, Das Karussell der Spitzbuben: 50 Fälle zum Lesen und Lösen, Löwe, Bayreuth 1984,
S. 182-186 (Otto Maier, Ravensburg, Lizenzausgabe)

Bibliografische Information Der Deutschen Bibliothek

Die Deutsche Bibliothek verzeichnet diese Publikation in der
Deutschen Nationalbibliografie; detaillierte bibliografische Daten sind
im Internet über http://dnb.d-nb.de abrufbar.

ISBN 978-3-525-70158-4

3. Auflage

© 2010, 2004, Vandenhoeck & Ruprecht GmbH & Co.KG, Göttingen
Internet: www.v-r.de
Druck und Bindung: ⊕ Hubert und Co., Göttingen

Gedruckt auf alterungsbeständigem Papier.

Inhalt

Wie du mit diesem Heft arbeiten kannst   4

Ermittlung: Was macht ein Textdetektiv?   5

Ziele setzen: Das Ringwurfspiel   6

Richtiges Einschätzen: Das Buchstabenspiel   10

Detektivmethode 1: Überschrift beachten   15

Detektivmethode 2: Bildlich vorstellen   17

Detektivmethode 3: Umgang mit Textschwierigkeiten   19

Detektivmethode 4: Verstehen überprüfen   25

Detektivmethode 5: Wichtiges unterstreichen   30

Detektivmethode 6: Wichtiges zusammenfassen   34

Detektivmethode 7: Behalten überprüfen   39

Welche Detektivmethode wähle ich wann?   40

Ein Leseplan   44

Liebe Schülerin, lieber Schüler!

Lesen ist cool! Lesen macht Spaß! Lesen ist spannend – genauso spannend wie das Lösen von Kriminalfällen.

Das glaubst du nicht? Abwarten! Wenn du erst einmal voll ausgebildeter Textdetektiv bist, wirst du mit Spaß jeden schwierigen (Text-)Fall knacken.

Wie das geht, zeigt dir deine Lehrerin oder dein Lehrer und dieses Heft. Hier erfährst du alles, was du brauchst, um ein richtig guter Textdetektiv oder eine richtig gute Textdetektivin zu werden.

Wenn du die Detektivausbildung abgeschlossen hast, dann wird dir kein Text mehr etwas vormachen können.

Wir wünschen dir viel Spaß und Erfolg!

Die Autoren

DETEKTIVE	TEXTDETEKTIVE
Was macht ein Detektiv? _____ _____ _____ _____ _____ _____	**Was macht ein Textdetektiv?** _____ _____ _____ _____ _____ _____
Welche Eigenschaften braucht ein Detektiv? _____ _____ _____ _____ _____ _____	**Welche Eigenschaften braucht ein Textdetektiv?** _____ _____ _____ _____ _____ _____

Detektive suchen sich am liebsten mittelschwere Fälle aus. Die können sie lösen, wenn sie sich anstrengen. Wenn sie einen Fall aufgeklärt haben, freuen sie sich und denken darüber nach, warum sie einen Erfolg hatten. Bei einem Misserfolg ärgern sie sich nicht. Stattdessen überlegen sie, woran es lag und wie sie beim nächsten Fall besser vorgehen können. Das Ringwurfspiel hilft dir herauszufinden, was für dich ein mittelschweres Ziel ist und welche Gründe es für Erfolge und Misserfolge geben kann.

Spielanleitung

Du sollst mit den Ringen auf die Flasche zielen und möglichst viele Punkte erreichen. Punkte gibt es nur bei einem Treffer. Je weiter du bei einem Treffer von der Flasche entfernt stehst, umso mehr Punkte erhältst du. Je näher du an der Flasche stehst, desto wahrscheinlicher wird ein Treffer. Finde die für dich richtige, mittelschwere Entfernung heraus. Damit ist ein Abstand gemeint, von dem aus du das Ziel gerade noch triffst, wenn du dich anstrengst.

1. Durchgang: Kreuze an, was für dich zutrifft:

	1. Wurf	2. Wurf	3. Wurf	4. Wurf
Was ist mein Ziel? *Aus welcher Entfernung will ich treffen?*				
Ich hatte einen Erfolg, weil das Ziel zu leicht war.	◯	◯	◯	◯
Ich hatte einen Erfolg, weil das Ziel genau richtig war und ich mich angestrengt habe.	◯	◯	◯	◯
Ich hatte einen Misserfolg, weil das Ziel zu schwer war.	◯	◯	◯	◯
Ich hatte einen Misserfolg. Das Ziel war richtig, aber ich habe mich nicht genug angestrengt.	◯	◯	◯	◯
Wie viele Punkte erhalte ich?				

Meine Punktzahl beträgt in diesem Durchgang insgesamt

Die für mich richtige mittelschwere Entfernung liegt bei

2. Durchgang: Kreuze an, was für dich zutrifft:

Im letzten Durchgang habe ich insgesamt ☐ Punkte erreicht.

In diesem Durchgang will ich versuchen, ☐ Punkte zu bekommen.

	1. Wurf	2. Wurf	3. Wurf	4. Wurf
Was ist mein Ziel? Aus welcher Entfernung will ich treffen?				
Ich hatte einen Erfolg, weil das Ziel zu leicht war.	◯	◯	◯	◯
Ich hatte einen Erfolg, weil das Ziel genau richtig war und ich mich angestrengt habe.	◯	◯	◯	◯
Ich hatte einen Misserfolg, weil das Ziel zu schwer war.	◯	◯	◯	◯
Ich hatte einen Misserfolg. Das Ziel war richtig, aber ich habe mich nicht genug angestrengt.	◯	◯	◯	◯
Wie viele Punkte erhalte ich?				

Meine Punktzahl beträgt in diesem Durchgang insgesamt ☐

Die für mich richtige mittelschwere Entfernung liegt bei ☐

3. Durchgang: Kreuze an, was für dich zutrifft:

Im letzten Durchgang habe ich insgesamt ☐ Punkte erreicht.

In diesem Durchgang will ich versuchen, ☐ Punkte zu bekommen.

	1. Wurf	2. Wurf	3. Wurf	4. Wurf
Was ist mein Ziel? Aus welcher Entfernung will ich treffen?				
Ich hatte einen Erfolg, weil das Ziel zu leicht war.	○	○	○	○
Ich hatte einen Erfolg, weil das Ziel genau richtig war und ich mich angestrengt habe.	○	○	○	○
Ich hatte einen Misserfolg, weil das Ziel zu schwer war.	○	○	○	○
Ich hatte einen Misserfolg. Das Ziel war richtig, aber ich habe mich nicht genug angestrengt.	○	○	○	○
Wie viele Punkte erhalte ich?				

Meine Punktzahl beträgt in diesem Durchgang insgesamt ☐

Die für mich richtige mittelschwere Entfernung liegt bei ☐

Gründe für Erfolg und Misserfolg

Hatte ich einen Erfolg oder einen Misserfolg?	Ich hatte einen Erfolg und habe mein Ziel erreicht.	Ich hatte einen Misserfolg und habe mein Ziel nicht erreicht.

Welche Gründe gab es dafür?	Das Ziel war zu leicht.	Das Ziel war genau richtig und...	Das Ziel war genau richtig, aber ...	Das Ziel war zu schwer.

Wer erfolgreich als Detektiv arbeiten will, muss sein Beweismaterial genau untersuchen. Auch hier muss sich ein Detektiv gut einschätzen, um erfolgreich zu sein. Im Buchstabenspiel kannst du prüfen, wie gut du dich selbst schon einschätzen kannst.

Du siehst zwölf Zeilen mit Buchstaben, die du lesen sollst. Dabei sollst du immer bestimmte Buchstaben durchstreichen. Außerdem sind in manchen Zeilen Wörter versteckt, die du finden und einkreisen sollst. Dabei gelten nur Wörter mit mehr als zwei Buchstaben und in deutscher Sprache.

> **Beispiel:**
> In den beiden Zeilen sollst du folgende Buchstaben durchstreichen:
> - den Konsonanten **m**
> - den Vokal **a**
>
> Die Zeilen sehen dann so aus:
> j e k s t l p e d q e r l n m w z a q y p c x n m b b u r e o p
> f j i l m g l ö w e f r h m k i o d c g i l ö p h z w f h z n k m

Arbeite sorgfältig und gehe die Zeilen nacheinander durch. Gleichzeitig musst du so schnell wie möglich arbeiten, weil du nur 2 Minuten Zeit hast.
Vor jeder Runde sollst du angeben, wie viele Zeilen du fehlerfrei schaffen willst. Für jede Zeile gibt es einen Punkt. Dabei ist es wichtig, dass du dich möglichst richtig einschätzt – denn wenn du weniger schaffst als geplant, bekommst du gar keine Punkte. Wenn du aber genauso viele oder mehr Zeilen fehlerfrei bearbeitest, als du vorher angenommen hast, bekommst du so viele Punkte wie geplant, aber nicht mehr! Unterstreiche anschließend immer den zutreffenden Grund für deine Leistung.

1. Durchgang

Im 1. Durchgang sollst du folgende Buchstaben durchstreichen:
- den Konsonanten **j**
- den Vokal **e**

Vergiss nicht, die versteckten Wörter zu suchen und einzukreisen!

Du darfst erst umblättern, wenn du das Zeichen **START** bekommst und sollst dann die Zeilen so schnell wie möglich bearbeiten. Du darfst so lange daran arbeiten, bis das Zeichen **STOP** gegeben wird.

Diesmal will ich [   ] Zeilen fehlerfrei schaffen.   **START!**

2. Durchgang

Im 2. Durchgang sollst du folgende Buchstaben durchstreichen:
- den Konsonanten **z**
- den Vokal **i**

Vergiss nicht Wörter, die in den Buchstaben versteckt sind, zu suchen und einzukreisen!

Vorher sollst du wieder angeben, wie viele Zeilen du fehlerfrei schaffen willst.

Du darfst erst umblättern, wenn du das Zeichen **START** bekommst und sollst dann die Zeilen so schnell wie möglich bearbeiten. Du darfst so lange daran arbeiten, bis das Zeichen **STOP** gegeben wird.

Im 1. Durchgang habe ich ☐ Zeilen fehlerfrei geschafft.

Diesmal will ich ☐ Zeilen fehlerfrei schaffen.   **START!**

3. Durchgang

Im 3. Durchgang sollst du folgende Buchstaben durchstreichen:
- den Konsonanten **s**
- den Vokal **o**

Vergiss nicht Wörter, die in den Buchstaben versteckt sind, zu suchen und einzukreisen!

Vorher sollst du angeben, wie viele Zeilen du fehlerfrei schaffen willst.

Du darfst erst umblättern, wenn du das Zeichen **START** bekommst und sollst dann die Zeilen so schnell wie möglich bearbeiten. Du darfst so lange daran arbeiten, bis das Zeichen **STOP** gegeben wird.

Im 2. Durchgang habe ich ☐ Zeilen fehlerfrei geschafft.

Diesmal will ich   Zeilen fehlerfrei schaffen.   **START!**

	1.Durchgang: j und e durchstreichen!	Fehler
1	i j u h z t g l o ö ä ü j k u z t r e w f t o m a t e m z	
2	k j u i g z i r b l u m e m k l p ö m h n j r r w q a x w	
3	ö i m n z i o l p t e w q x s a l y ä z f t h v d r k j f	
4	l k o ö u e a d w x v g u j z r g n j k k o l ö ü j u p w	
5	l j ä m u p ä h t r k l h d s y a f r h a s e p l ö u i z q	
6	a s q u k o m v o b s t y v g h n j k o l z h r s e d b	
7	ö ä l k o j d q a y c v f r d g h p j t e m v j o l p j t	
8	r e n n e n b y i l h g k l m n o ö p i u k j t f r d k s	
9	ö k j ü u g b g r e d x f h t g n j o k l u t r d s q a o	
10	o k j z g r d v g b i j h m k k l t e w s y x c f b j p l g	
11	ü l p m b y c e l e f a n t g q y x ü ö i o f g h j b t	
12	e w w q g f j h i k n h u k l ä g f r d e ä x y c v b g j	

Wie viele Zeilen habe ich diesmal fehlerfrei geschafft?

Wie viele Zeilen wollte ich schaffen?

Wie viele Punkte bekomme ich?

	2. Durchgang: z und i durchstreichen!	Fehler
1	j i k h t r d e w s x l o q i h z g k a t z e ö n b l ö ö g	
2	q w d r g j k p m v f d t h d z j r x a g h o k z g p z	
3	h d y w s t u h l n j o o i k g i l p n h g z x y z e d w	
4	o k p ü ö k h t f r w s c d v b h j ö h z q o l ö r w a	
5	i k l z t e k ö n i g j n y s c a q u k l ö m h b g g o i g	
6	a p q f j k l ö i z t r g b v h j o p ö k j u h n m r d w	
7	ü ä p l k f y s x q n h k z p d r v h i k n g o p l e w	
8	m p j k o p ö h z r e d s f z u k j b f z i g b ü ä l k j	
9	ä l ä ü p j u z t r w q s d f h e m d d r x y l p t v o l	
10	l o m j p g u e b s k a ä m y ü o r v z n p ö q e a y x	
11	a f f e g i x k g f v i j k n l p ö g z t r d s g c v n m	
12	a e q g b m l m ö ä ü p u i u g f d h r v g z j l o j a ö	

Wie viele Zeilen habe ich diesmal fehlerfrei geschafft?

Wie viele Zeilen wollte ich schaffen?

Wie viele Punkte bekomme ich?

Hatte ich einen Erfolg oder einen Misserfolg?	Ich hatte einen Erfolg und habe mein Ziel erreicht.		Ich hatte einen Misserfolg und habe mein Ziel nicht erreicht.	
Welche Gründe gab es dafür?	Das Ziel war zu leicht.	Das Ziel war genau richtig und...	Das Ziel war genau richtig, aber ...	Das Ziel war zu schwer.
Kreise ein, was zutrifft!	... ich hatte Glück! ... ich war gut! ... ich habe mich angestrengt!		... ich hatte Pech! ... ich bin nicht gut genug, ich kann das nicht! ... ich habe mich zu wenig angestrengt!	

	3. Durchgang: s und o durchstreichen!	Fehler
1	d v b l a t t t l a w v g f c s k l ö m p j n m o u g r	
2	i h j t r e w d q g b h j o k p l ö j u h g t d v b n t r d	
3	j n h k ö h g f r d w q y c s v j i o l ö j m h g x u k j	
4	j k l z g r e d b h e x e o k l z n i l t b r v d q z h p	
5	z h r t w s x v b j i l o l ü ä h g i f t b f w q x a y s	
6	p l o z h n l ö p r f u h e d c v f w s a x g n h p j k j	
7	p ö o p l i f t v u h e d y s q v d h g u n z b l j k t	
8	i k m p p h j f l d v b e j h a d s q x g f h p l ü j k t	
9	o l j k p ö n b z g v t f d w q x l s n k o l g z b d t h	
10	p l m j k t f l o h c h e d q a y s v f b h m k l z h r d	
11	p l i j h t g b n f e w q x y o l j p ö h u n g e r v c f i	
12	p l ö j i g h i k g r f v c d p h n j c x s f g h a w s l	

Wie viele Zeilen habe ich diesmal fehlerfrei geschafft?

Wie viele Zeilen wollte ich schaffen?

Wie viele Punkte bekomme ich?

Hatte ich einen Erfolg oder einen Misserfolg?	Ich hatte einen Erfolg und habe mein Ziel erreicht.		Ich hatte einen Misserfolg und habe mein Ziel nicht erreicht.	
Welche Gründe gab es dafür?	Das Ziel war zu leicht.	Das Ziel war genau richtig und...	Das Ziel war genau richtig, aber ...	Das Ziel war zu schwer.

Kreise ein, was zutrifft!	... ich hatte Glück! ... ich war gut! ... ich habe mich angestrengt!	... ich hatte Pech! ... ich bin nicht gut genug, ich kann das nicht! ... ich habe mich zu wenig angestrengt!

Merkblatt

Detektivmethode 1: Überschrift beachten!

Die Detektivmethode 1 gehört zu den _____ methoden.

Vorgehensweise:

Ich wende die Detektivmethode 1 an, indem ich bei einer Überschrift frage:

_____

_____

_____

_____

Wann wende ich diese Detektivmethode an?

_____

_____

_____

Warum benutze ich diese Methode?

_____

_____

_____

_____

Was fällt mir zu dieser Überschrift ein?

1. Im Schwimmbad

_____

_____

_____

_____

_____

2. Der Wasserkreislauf

_____

_____

_____

_____

_____

3. Das Mammut

_____

_____

_____

_____

_____

Das Mammut

Die größten Rüsseltiere der Eiszeit waren die so genannten Mammuts. Sie lebten damals in den kalten Gegenden Europas, Asiens und Nordamerikas.

Ein Mammut konnte eine Höhe von bis zu 4,50 Metern erreichen.
Seine kräftigen, zurückgebogenen Stoßzähne wurden bis zu 5 Meter lang
5   und hatten ein Gewicht von über 100 kg. Wegen der Kälte hatte das
Mammut eine dicke Haut, die aus einer isolierenden Fettschicht bestand.
Darauf wuchs ein dichtes, langhaariges, schwarzes Fell. Am Nacken hatte
es außerdem einen Fetthöcker, in dem es Nährstoffe speichern konnte.
Auch wenn das Mammut gefährlich aussah, so jagte es doch keine Tiere.
10   Die tägliche Hauptnahrung bestand aus 150-300 kg Pflanzen, die es in der
trockenen und kalten grasbestandenen Gegend fand.

Mammuts hatten keine natürlichen Feinde. Sie wurden jedoch gerne von
den Steinzeitmenschen gejagt. Die Jäger konnten fast alles von einem
erlegten Mammut verwerten: Aus ihren Stoßzähnen stellten sie Waffen,
15   Werkzeuge oder Schmuck her. Die Sehnen und das Fell konnten sie zum
Nähen von Kleidern verwenden. Fleisch und Fett dienten als
Nahrungsmittel. Besonders schmackhaft soll die Mammutzunge für den
Steinzeitjäger gewesen sein.

Lies dir den Text langsam durch. Stelle dir das Mammut genau vor und male ein Bild von ihm.

Merkblatt

Detektivmethode 2: Bildlich vorstellen

Die Detektivmethode 2 gehört zu den _____methoden.

Vorgehensweise:

Bei Geschichten wende ich die Detektivmethode 2 an, indem ich

_____

_____

Bei Sachtexten wende ich die Detektivmethode 2 an, indem ich

_____

_____

Wann wende ich diese Detektivmethode an?

_____

_____

_____

Warum soll ich mir Texte bildlich vorstellen?

_____

_____

_____

Das Grab des Pharaos

Markus unternimmt mit seiner Schwester eine Reise nach Ägypten. Dort besuchen sie abends auch das berühmte Grab des Pharaos Tut-ench-Amun, eines ägyptischen Herrschers, der vor mehr als 3000 Jahren lebte. Sie steigen als letzte Besucher in den spärlich beleuchteten Gang hinab. Im Grab
5   angekommen, betrachtet Markus begeistert die vielen Malereien an den Wänden.

Als er sich umdreht, fehlt plötzlich seine Schwester. Er sucht und sucht, kann sie aber nicht finden. Auf einmal sieht er ein Gespenst auf sich zukommen: »Huhuuu!« Markus schreckt zusammen und läuft ängstlich davon.

10 Draußen am Eingang schnappt er erst mal nach Luft. Dann hört er ein bekanntes Lachen. Aus dem Gang tritt seine Schwester und schwenkt ihren weißen Schal. Weil es ein böser Scherz war, ist Markus doch froh, seine Schwester wieder zu sehen.

Lies dir die Geschichte durch. Wenn du ein Wort nicht verstehst, dann kreise es ein und stelle dir folgende Fragen:

1. Was ist das Problem?
2. Welche Lösungsmöglichkeiten gibt es für das Problem?
3. Was ist die beste Lösung?
4. Ist das Problem damit gelöst?

Hier hast du Platz, die schwierigen Wörter und deren Bedeutungen aufzuschreiben.

_____

_____

_____

_____

_____

_____

Der beste Lügner

Bevor du anfängst, die Geschichte zu lesen, wende die Detektivmethode 1 an. Hier hast du Platz dafür.

_____

_____

_____

_____

Der Pascha von Rhodos, der sich häufig langweilte, ließ eines Tages in der gleichnamigen Hauptstadt seiner Insel verkünden: »Wer von meinen Untertanen in der Lage ist, mir eine Geschichte zu erzählen, die mich davon überzeugt, dass sie eine Lüge ist, der erhält als Preis eine Kugel aus reinem
5   Gold!«

Da sich keiner der vielen Lügner, die es in der Stadt gab, den reichen Lohn entgehen lassen wollte, gab es bald vor dem Tor des Palastes ein großes Gedränge.

Jeder wollte es versuchen, und wenn er dann vor dem Pascha stand, log er,
10   dass sich die Balken bogen. Doch keiner hatte Glück, denn selbst als einer behauptete, er wäre soeben vom Himmel gefallen, und ein anderer beteuerte, das Meer wäre ausgetrocknet, erklärte der Pascha mit ernster Miene: »Warum nicht? Das wäre schon möglich!«

Nun lebte in Rhodos ein uralter, verschmitzter Mann, der ebenfalls den Preis
15   haben wollte. Er lud sich einen riesigen tönernen Topf auf die Schulter, trug ihn keuchend zum Palast des Paschas oder begehrte von der Torwache, vor den Herrn geführt zu werden.

Als er bald darauf vor dem Pascha stand, fragte ihn dieser erstaunt:
»Weshalb bringst du denn einen Pithos zu mir?« Da sagte der listige Alte:

20   »Ich komme zu dir, erhabener Gebieter, um eine alte Schuld einzutreiben.
Mein Vater hat nämlich deinem Großvater, als der einmal in großer Not war,
eine gewaltige Summe Geld geliehen. Er brachte sie ihm in lauter
Goldstücken, die diesen Pithos bis zum Rande füllten. Dein Großvater
versprach zwar, die riesige Schuld so bald wie möglich zu begleichen, tat es

25   aber bis zu seinem Tode nicht. Auch dein Vater hat das Geld nicht
zurückgezahlt. Ich glaube, dass es an der Zeit wäre, die Sache zu
begleichen, die dein Großvater wie dein Vater zu tilgen unterließen.«

Jetzt sprang der Pascha von seinem Sitz auf und rief empört: »Das ist eine
Lüge!« Da erwiderte der Greis triumphierend: »Du hast Recht, erhabener

30   Gebieter, es ist eine Lüge! Weil du aber von meiner Geschichte behauptet
hast, dass sie erlogen sei, gehört mir nun die goldene Kugel!«

Der Pascha machte zuerst ein verblüfftes Gesicht, dann aber musste er
lachen. Er befahl seinem Diener, die goldene Kugel zu bringen und reichte sie
dem listigen Alten als wohlverdienten Preis.

Hier hast du Platz die Detektivmethode 2 anzuwenden.

**Löse den Fall: Was wäre passiert, wenn der Pascha ihm die Geschichte
geglaubt hätte? Warum kann man das Verhalten des Alten als schlau
bezeichnen?**

Üben der Detektivmethode 3

1.Problem

1. Was finde ich schwierig?

_____

2. Was kann ich tun, um das Problem zu lösen?

_____

3. Welche Lösungsmöglichkeit wende ich am besten an?

_____

4. Habe ich mein Problem gelöst?

_____

2.Problem

1. Was finde ich schwierig?

_____

2. Was kann ich tun, um das Problem zu lösen?

_____

3. Welche Lösungsmöglichkeit wende ich am besten an?

_____

4. Habe ich mein Problem gelöst?

_____

Üben der Detektivmethode 3

3.Problem

1. Was finde ich schwierig?

_____

2. Was kann ich tun, um das Problem zu lösen?

_____

3. Welche Lösungsmöglichkeit wende ich am besten an?

_____

4. Habe ich mein Problem gelöst?

_____

4.Problem

1. Was finde ich schwierig?

_____

2. Was kann ich tun, um das Problem zu lösen?

_____

3. Welche Lösungsmöglichkeit wende ich am besten an?

_____

4. Habe ich mein Problem gelöst?

_____

Merkblatt

Detektivmethode 3: Umgang mit Textschwierigkeiten

Die Detektivmethode 3 gehört zu den _____ methoden.

Ablauf:
Wenn ich auf eine Textschwierigkeit stoße, soll ich ....

_____

_____

_____

_____

_____

_____

Wann wende ich diese Detektivmethode an?
Ich wende sie an, ...

_____

_____

Was will ich mit dieser Methode erreichen?

_____

_____

_____

_____

Lügen haben kurze Beine

Detektivmethode 1 - Überschrift beachten:
Wovon könnte die Geschichte handeln? Schreibe deine Einfälle hier auf:

_____

_____

_____

Detektivmethode 2 – Bildlich vorstellen:
Lies die erste Seite der Geschichte Absatz für Absatz. Male oder schreibe
auf, was du dir vorstellst.

Detektivmethode 3 – Umgang mit Textschwierigkeiten:
Wenn du ein Wort nicht kennst, dann wende die 4 Fragen aus der
Detektivmethode 3 an.

_____

_____

_____

_____

_____

Frankfurt, am 12. Oktober letzten Jahres. Kommissar Hoflehner drückte auf den roten Knopf unter seiner Schreibtischplatte. Ein Beamter streckte daraufhin seinen Kopf zur Tür herein und fragte: »Was gibt's, Hoflehner?« – »Schicken Sie mir den jungen Mann herein!«

5   Der Kopf verschwand wieder und wenig später wurde ein junger Mann hereingeschoben. Dieser hatte ein ungepflegtes Aussehen und ebenso schlechte Manieren. Ohne Aufforderung ließ er sich auf einen Stuhl fallen und schimpfte los: »Wie lange muss ich eigentlich noch hier herumhocken? Ich habe meine Zeit schließlich nicht im Lotto gewonnen!«

10   Der Kommissar schwieg. Dann sagte er: »Guten Morgen, Herr Franke! Wir haben Sie gestern Abend, 23 Uhr 35 dabei erwischt, wie Sie gerade das Haus Luisenstraße 4 durch...« hier räusperte er sich, »das Kellerfenster verließen. Das Haus gehört dem Zahnarzt Schramm...«

Der Einbrecher sprang auf und schüttelte wütend die Fäuste. »Alles ein
15   Irrtum... Ich wollte Schramms überraschen. Sie sind meine Freunde...«
Der Kommissar stand auf, schlenderte ans Fenster und schaute ein wenig hinaus. Dann sagte er: »Ach... Machen Sie Ihre Besuche immer durchs Kellerfenster?«

»Ich sagte doch, es sollte eine Überraschung werden... Ich habe bereits
20   erfolglos versucht, das Ihrem Beamten klarzumachen. Aber der verstand ja nur Bahnhof.« – »Ach so...«

»Ich hatte ja keine Ahnung, dass sie verreist waren... Also bin ich rein. Und als ich merkte, dass niemand da war, bin ich sofort wieder umgekehrt. Ich bin nicht mal bis zur Küche gekommen.... So war's!«

25   Der Kommissar grinste. »Ach ja,... Wann haben Sie eigentlich erfahren, dass die Schramms verreist sind?« – »Hm..., das war vor drei Tagen... eigentlich ganz durch Zufall.«

»Wissen Sie auch noch, wie spät es war, als Sie durch das Fenster stiegen?«
Franke tat, als sei die Gewissenhaftigkeit die stärkste seiner Charakter-
30   eigenschaften: »Natürlich, es war genau 22 Uhr. Die Glocken haben gerade geläutet... Und die überhört man ja nicht.«

»Hm...«, brummte der Kommissar. »Noch eine letzte Frage. Der Polizist Bohmleitner behauptete, Sie hätten in der Küche die Kühlschranktür offen gelassen... stimmt das nicht?« Kevin Franke schüttelte wild den Kopf: »Da irrt
35 sich der Polizist aber. Ich weiß genau, dass ich sie wieder zugemacht habe!«

»Super!« freute sich Hoflehner. »Das wär's. Und schon können Sie wieder gehen!« – »Ich kann gehen?« – »Ja, in Ihre Zelle zurück. Ich weiß jetzt, dass Sie ein ganz gewöhnlicher Einbrecher sind... Jaja, Lügen haben kurze Beine.« – »Wieso Lügen?« – »Ich habe Sie beim Lügen erwischt, ganz einfach. Und nicht
40 nur bei einer, sondern gleich bei drei Lügen. Pfui! Sie sollten sich wirklich was schämen.«

Und dann drückte der Kommissar zum zweiten Mal an diesem Morgen auf den roten Knopf unter seiner Schreibtischplatte.

Welche drei Lügen waren es?

Detektivmethode 2 – Bildlich vorstellen:
Lies die Geschichte zu Ende. Suche dir eine Szene aus und male sie hier auf.

Detektivmethode 3 – Umgang mit Textschwierigkeiten:
Wenn du ein Wort nicht kennst, dann wende die Fragen aus der
Detektivmethode 3 an.

_____

_____

_____

_____

_____

_____

_____

Detektivmethode 4 – Verstehen überprüfen:
Überlege dir Fragen zu der Geschichte, die deine Mitschüler beantworten
sollen. Die Antworten sollst du selbst auch kennen! Schreibe die Fragen hier
auf.

Frage 1

_____

_____

Frage 2

_____

_____

Frage 3

_____

_____

Merkblatt

Detektivmethode 4:
Verstehen überprüfen

Die Detektivmethode 4 gehört zu den ————————methoden.

Vorgehensweise:

_____

_____

_____

Welche Fragen stelle ich mir?

_____

_____

_____

Wann wende ich diese Detektivmethode an?

_____

_____

_____

Warum überprüfe ich, ob ich alles verstanden habe?

_____

_____

Julia lädt Carsten ein

»Wenn ich nächste Woche Geburtstag habe, werde ich eine große Party

geben. Dann lade ich Sandra, Danny, Michael, Stefan, Christian, Ahmet, Nora,

Steve, Liat, Caroline, Babsi, Doro, Alex, Bennie und Isabel ein. Wenn du Lust

hast, kannst du auch gern kommen.« - »Wann hast du denn Geburtstag?« -

5   »Am 2. Dezember. Das ist zwei Tage vor dem 1. Advent. Am liebsten würde ich

ja in unserem Reiterhof feiern, hinten auf der Wiese, aber im Winter ist es

da zu kalt, also werden wir zu Hause unseren Keller ausräumen ... Ich bin schon

ganz aufgeregt. Ich muss vorher noch meine Freundin Doro um 12.30 Uhr vom

Bahnhof abholen, weil sie mit dem Zug aus Berlin kommt und dann holen wir

10   Liat ab, weil ihre Eltern sie nicht zu uns fahren können. Die anderen kommen

alle ab 15.00 Uhr. Kommst du auch?« – »Mal sehen, was ist das denn für ein

Tag?« – »Ein Freitag. Geboren bin ich an einem Samstagabend kurz vor

Mitternacht. Beinahe wäre ich ein Sonntagskind geworden.«

»Da hab' ich aber Glück; normalerweise habe ich freitags immer Fußball. In

15   der nächsten Woche wurde das Training aber auf Donnerstag verlegt. Dann

komm' ich gern.«

Welche Informationen sind für Carstens Entscheidung wichtig?
Unterstreiche sie und schreibe sie hier auf.

_____

_____

_____

_____

_____

Lies den Text mit einer bestimmten Fragestellung.
Unterstreiche, was jeweils zur Beantwortung deiner Frage wichtig ist:

Gruppe A: Wie wird Eis heute – seit 500 Jahren - hergestellt?
           Wie funktioniert eine Eismaschine?
Gruppe B: Wie und von wem wurde vor Tausenden von Jahren Eis hergestellt?
           Eis im Sommer, ohne Kühlschrank – wie geht das?

Eis

Wie bei so vielen Dingen: Auch das Speiseeis wurde von den alten Chinesen

erfunden. Das soll vor etwa 5000 Jahren gewesen sein. Aber auch bei den

Römern ist Speiseeis hergestellt worden. Wie heute war Eis vor allem in der

heißen Jahreszeit sehr beliebt. Zur damaligen Zeit war das allerdings nur

5   etwas für reiche Leute. Man brauchte nämlich natürliches Eis oder Schnee für

die Zubereitung, das gab es aber nur im Winter.

Wie also konnten die Römer Eis im Sommer herstellen? Sie bauten tiefe Keller

oder holzverkleidete Erdhöhlen, die sie im Winter mit Eis und Schnee füllten.

Zur Isolierung wurden sie mit einer dicken Schicht Stroh abgedeckt. Die

10   Wände der Räume, in denen man jahrelang Eis lagerte, wurden dadurch

heruntergekühlt, so dass sich Eis und Schnee bis in den Sommer hielten. Wenn

den reichen Römern ihre Eisvorräte im Sommer dann doch geschmolzen waren,

ließen sie sich durch Läufer frisches Eis von den Alpengletschern bringen.

Seit etwa 500 Jahren gibt es ein anderes Herstellungsverfahren: Alle

15   Zutaten werden unter ständigem Rühren langsam gefroren. Dabei entsteht

eine feste, aber zart schmelzende Creme. Um 1900 gab es noch keine Kühl-

und Gefrierschränke, aber eine Eismaschine fehlte in keinem reichem Haus.

Damals musste zum Gefrieren zunächst Stangeneis aus der Eisfabrik besorgt werden. Für die Speiseeisherstellung war das aber nicht kalt genug. Es wurde

20   zerkleinert und mit Salz bestreut. Dadurch erhielt man eine so genannte

Kältemischung (durch das Salz sinkt die Temperatur des Eises erheblich unter

0° C). Diese Kältemischung wurde nun in die Eismaschine gegeben. Darin kühlte

sie einen Topf, in den die Zutaten für das Speiseeis gegeben wurden.

Das Ganze war gut isoliert und wurde verschlossen. Eine Eismaschine hatte ein

25   eingebautes Rührwerk, das von außen mit einer Kurbel gedreht werden konnte.

Die Hauptzutaten sind seither Wasser, Milch und Zucker. Dazu kommen je

nach Geschmack weitere Zutaten wie Sahne, Butter, Ei und natürlich Früchte,

Nüsse, Schokolade, Nougat, Karamell, Vanille, Mokka und Gewürze. Die Römer

waren genügsamer. Sie mischten den Schnee mit Honig, Ei und Früchten –

30   fertig war das Römereis.

Hier hast du Platz, deine Fragestellung zu beantworten.

_____

_____

_____

_____

_____

_____

_____

_____

_____

Merkblatt

Detektivmethode 5:
Wichtiges unterstreichen

Die Detektivmethode 5 gehört zu den _____methoden.

Wichtiges unterstreichen - wie mache ich das?

_____

_____

_____

_____

_____

_____

Woran erkenne ich, was wichtig ist und was nicht?
Wichtig können sein:

_____

_____

Wann wende ich diese Detektivmethode an?

_____

_____

Was will ich mit dieser Methode erreichen?

_____

_____

Achmed, der Narr

Freundlich ließ der Sultan sein Auge auf dem neuen Diener ruhen und befahl ihm: »Geh, Achmed, und bereite mir ein Frühstück!« Achmed gehorchte.

Doch als der Sultan in sein Frühstückszimmer kam, begann er gewaltig zu schreien und seinen neuen Diener zu beschimpfen: »Achmed, du verflixter

5   Schlingel, ich werde dich in den Kerker werfen lassen! Soll das etwa mein Frühstück sein?«

Was hatte Achmed auf dem kostbaren Frühstückstisch bereitgestellt? Eine Tasse Kaffee, drei Reisbrotfladen und etwas Honig, genau das, was er selbst zu frühstücken gewohnt war. Und weiter nichts.

----

10   »Wenn ich ein Frühstück bestelle«, belehrte ihn der Sultan, »hat Folgendes da zu sein: Kaffee, Mokka, Tee und Schokolade, Maisbrot und Weizenbrot, Butter, Sahne, Milch und Käse, Schinken, Wurst und Gänseleber, Honig, Marmelade, Gelee und Apfelmus, Pfirsiche, Orangen, Äpfel, Zitronen, weißer Pfeffer, roter Pfeffer, Curry und Zimt, Obstkuchen, Schokoladenkuchen und

15   Sahnetorte, Karotten, Tomaten und Paprika. – Verstanden?«

»Verzeiht mir, o Herr!«, rief Achmed und versprach ihm, sich zu bessern. Der gütige Sultan verzieh seinem Diener.

Fasse den ersten Teil der Geschichte hier zusammen.

_____

_____

_____

_____

_____

_____

_____

_____

_____

Fasse den zweiten Teil der Geschichte hier zusammen.

_____

_____

_____

_____

_____

_____

_____

_____

_____

Am anderen Morgen rief der Sultan den Leibdiener an sein Bett. »Oh,

Achmed«, jammerte er, »ich bin krank und habe große Schmerzen! Geh schnell

20   und hole mir einen Arzt!«

Achmed überlegte, was er wohl tun würde, wenn er selbst krank wäre, aber da

fiel ihm ein, wie der Sultan ihn gestern beschimpft hatte. Er versprach, alles

Nötige zu besorgen, und lief eilig davon. Der Sultan hingegen wartete eine

ganze Stunde und noch eine Viertelstunde. Kein Achmed erschien und auch

25   kein Doktor. Zornig rannte der Sultan im Zimmer auf und ab.

Da kam Achmed, völlig außer Atem und in Schweiß gebadet, hereingestürzt.

»Achmed!«, schrie der Sultan. »Ich werde dich...«

Doch der Diener unterbrach seinen Herrn: »Mein Herr und Gebieter, es ist

alles besorgt: Wundarzt, Zahnarzt, Nervenarzt und Wurzelhexe sind im

30   Palast, der Imam wartet mit dem heiligen Öl, die letzte Fußwaschung ist

bestellt, Blumen und Kränze werden geflochten, Musikanten und Klageweiber

sind angetreten, das Grab ist geschaufelt, und der Leichenwagen steht vor

der Tür.«

Als der Sultan das hörte, musste er so fürchterlich lachen, dass sein dicker

35   Bauch wackelte. Weil aber das Lachen eine gute Medizin ist, lachte er sich

über diesen Streich seines Dieners völlig gesund.

Fasse den dritten Teil der Geschichte hier zusammen.

_____

_____

_____

_____

_____

_____

_____

_____

Fasse den vierten Teil der Geschichte hier zusammen.

_____

_____

_____

_____

_____

_____

_____

_____

Merkblatt

Detektivmethode 6:
Wichtiges zusammenfassen

Die Detektivmethode 6 gehört zu den _____methoden.

Vorgehensweise:

_____

_____

_____

_____

Wann fasse ich einen Text zusammen?

_____

_____

_____

_____

Warum wende ich diese Detektivmethode an?

_____

_____

_____

_____

_____

Merkblatt

Detektivmethode 7:
Behalten überprüfen

Die Detektivmethode 7 gehört zu den _____methoden.

Vorgehensweise:

1. _____

2. _____

3. _____

4. _____

Wann wende ich diese Methode an?

_____

_____

_____

_____

Warum kontrolliere ich, ob ich alles behalten habe?

_____

_____

_____

Übersicht über alle Detektivmethoden

Verstehensmethoden	Behaltensmethoden
Detektivmethode Nr. Vorgehensweise: Anwendung:	Detektivmethode Nr. Vorgehensweise: Anwendung:
Detektivmethode Nr. Vorgehensweise: Anwendung:	Detektivmethode Nr. Vorgehensweise: Anwendung:
Detektivmethode Nr. Vorgehensweise: Anwendung:	Detektivmethode Nr. Vorgehensweise: Anwendung:
Detektivmethode Nr. Vorgehensweise: Anwendung:	

1. Aufgabe: Bearbeite den Text so, dass du ihn möglichst gut verstehst!

Welche Detektivmethoden willst du anwenden?

_____

_____

Bearbeite jetzt den Text.
Wende alle Detektivmethoden an, die du ausgewählt hast.

Wenn du den Text verstanden hast, kannst du folgende Frage
beantworten: Weshalb war die Seidenstraße für China und das Römische
Reich so wichtig?

_____

_____

_____

_____

2. Aufgabe: Bearbeite den Text so, dass du alles Wichtige behältst.

Welche Detektivmethoden willst du anwenden?

_____

_____

Bearbeite jetzt den Text.
Wende dabei die Detektivmethoden an, die du ausgewählt hast.

Hast du wirklich alles Wichtige behalten?
Schreibe die wichtigsten Punkte auf und schaue dabei nicht im Text nach!

_____

_____

_____

_____

Die Seidenstraße

Die Seidenstraße ist eine alte Handelsstraße, die fast 10.000 km lang ist.
Sie führte vor langer Zeit von China bis zum Römischen Reich. Viele
Karawanen zogen auf ihr entlang. Deshalb nennt man sie auch
5 Karawanenstraße. Eine Karawane ist ein langer Zug von Menschen oder
Tieren, die sich hintereinander fortbewegen. Händler ritten auf Kamelen und
Pferden über die Seidenstraße. Sie verkauften vor allem Seide, aber auch
andere Waren. Für die Händler war der lange Weg mit ihren Karawanen eine
mühsame, etwa ein Jahr dauernde Reise. Meist wurden die weiten Strecken
10 auf Pferden zurückgelegt. Die Lasten wurden von Kamelen, Maultieren und
Eseln getragen. Die Reise war mit großen Gefahren verbunden, weil weite
Strecken durch die Wüste oder über hohe Berge überwunden werden
mussten. Außerdem lockte die Ware auf dem Rücken der Kamele jede Menge
Diebe an. Zum Schutz gegen die Diebe wurden die Karawanen von
15 bewaffneten Mannschaften begleitet.
China lieferte neben Seide auch Gewürze wie Zimt und Ingwer, Keramiken,
Pelze und Tee. In die andere Richtung wurden Glas, Gold und Silber,
Weihrauch, Bernstein und Elfenbein transportiert. Auf dem Weg tauschten
die Händler auch Gedanken und Informationen aus.
20 Im alten Rom war die kostbare chinesische Seide besonders gefragt, sie
wurde mit Gold bezahlt. Es war ein Geheimnis, wie die Seide hergestellt
wurde und die chinesischen Kaiser verrieten dieses Geheimnis niemandem.
Seide wurde damals aus Raupen gewonnen, die es nur in China gab. Es war
streng verboten, die Eier der Seidenraupen an andere Länder abzugeben.
25 Wer es trotzdem tat, dem drohte der Tod. Erst viel später gelang es zwei
Mönchen, die Eier der Seidenraupe heimlich von China ins Römische Reich zu
bringen.
Eine Reise auf der Seidenstraße ist auch heute noch ein Abenteuer. Weil das
Leben der Menschen sich in manchen Gebieten bis heute nicht sehr stark
30 verändert hat, ist sie wie eine Reise in die Vergangenheit.

Zu Aufgabe 1: Hier hast du Platz die Detektivmethoden anzuwenden.

_____

_____

_____

_____

_____

_____

_____

_____

_____

_____

Zu Aufgabe 2: Hier hast du Platz die Detektivmethoden anzuwenden.

_____

_____

_____

_____

_____

_____

_____

_____

_____

Ein Leseplan

Vor dem Lesen frage ich mich:

1. _____

_____

2. _____

_____

_____

Während des Lesens

_____

_____

_____

_____

_____

_____

Nach dem Lesen frage ich mich:

1. _____

_____

2. _____

_____

Vor dem Lesen:

Lies die Kriminalgeschichte »Der Geniestreich« und löse den Fall!
Wie lautet deine Aufgabe?
Welche Detektivmethoden willst du benutzen?

_____

_____

_____

_____

_____

Während des Lesens:

Wende die von dir ausgesuchten Detektivmethoden auf den Text an.

Der Geniestreich

Bodo Biestig, polizeibekannter Einbrecher in München, stürmte die Treppen
des Hauses Schweitzerstr. 48 hoch und klingelte im 4. Stock an einer Tür. Es
dauerte drei Minuten, bis von jenseits der Tür eine weibliche Stimme fragte:
»Wer ist da?« - »Ich bin es, dein Bruder, mach schon auf!«, rief Bodo. Ein
5   Riegel kreischte und der Mann in der karierten Jacke, dem schwarzen Hemd
und dem gelben Schlips trat ein.

»Es ist schon nach Mitternacht!«, fauchte seine Schwester Tanja. Sie schob
den Riegel vor und schlappte in ihr Schlafzimmer zurück.
Bodo folgte ihr lächelnd und setzte sich auf einen wackligen Sessel.
10   Tanja hüpfte in ihr Bett zurück. »Also, was ist los, Bodo? Warum weckst du
mich mitten in der Nacht?«

Bodo breitete die Arme aus und rief theatralisch: »Ich werde den
Geniestreich des Jahrhunderts landen!« Dann erläuterte er seinen Plan: »Die
Polizei weiß, dass ich nur in weißen Handschuhen arbeite!« Tanja nickte.

15 »Sie weiß, dass ich nur Virginias rauche und eine Vorliebe für die Duftnote
Sommernacht habe!« Tanja nickte wieder. »Na also«, sagte er. »Na also was?«
fragte sie. Bodo richtete sich auf und drückte die Brust heraus und flüsterte
im Tonfall eines Predigers: »Heute Nacht breche ich bei Werner Steinreich
ein!«

20 Tanjas Augen wurden groß. »Dem Juwelier?« fragte sie ungläubig. Und er:
»Dem Juwelier!« - »Nein...«, schluckte Tanja. »Doch!«, sagte Bodo und fuhr
fort: »Ich weiß, wo die Alarmanlage abgestellt wird. Ich werde den Duft von
Sommernacht verbreiten, meine weißen Handschuhe, eine angerauchte Virginia
und - meinen Führerschein liegen lassen... das heißt, letzteren werde ich
25 natürlich zufällig verlieren!« Tanja war entsetzt.

Hier hast du Platz, um die Detektivmethoden anzuwenden.

_____

_____

_____

_____

_____

_____

_____

_____

_____

_____

_____

_____

_____

_____

Er lächelte. »Den Führerschein habe ich vorgestern als gestohlen gemeldet.«
»Aber bei so viel Beweisen kommt man in jedem Fall auf dich. Handschuhe,
Duft und Virginias. Warum rufst du nicht gleich die Polizei an und sagst, was
du vorhast.« Doch Bodo lächelte. »Das ist er ja...« - »Was ist er?«

30 »Der Geniestreich des Jahrhunderts! Selbst der dümmste Polizist wird
denken, dass mir da einer was anhängen wollte!«
Es dauerte einige Augenblicke, bis Tanja begriff. »Du hast recht!« sagte sie.
»Das ist wirklich ein Ding.« Bodo lächelte selbstzufrieden und legte sich dann
ein wenig auf dem Küchensofa schlafen.

35 1 Uhr 30. Bodo Biestig schlüpfte in seine weißen Handschuhe und begann, sich
mit dem ersten Schloss zu beschäftigen. Zwölf Minuten später erreichte er
den Verkaufsraum und steckte den kostbaren Schmuck ein. Zwischen zwei
Stühlen *verlor* er seinen Führerschein. Die angerauchte Virginia legte er in
einen teuren Aschenbecher. Zuletzt zog er sich die weißen Handschuhe von
40 den Fingern und legte sie unauffällig auf eine Vitrine. Seine letzten
Handgriffe aber galten einer großen chinesischen Bodenvase, die er auf den
Verkaufstresen stellte und an die er das Schild mit den Goldbuchstaben
MERCI (Danke) lehnte. (Es hing vorher über der Tür.)

Um 4 Uhr 50 bereits erreichte er wieder die Wohnung seiner Schwester, die
45 ihn zitternd erwartete. »Nun, was war?« Bodo leerte seine Taschen auf den
Wohnzimmertisch. Ringe, Ketten, Broschen, Uhren, Goldreife und Diamanten.
»Warst du auch vorsichtig?« Bodo grinste. »Es lief wie geschmiert!«
Dann verstaute er alles unter einem Dielenbrett und legte sich zufrieden auf
besagtem Küchensofa schlafen.

50 8 Uhr 15 klingelte es an der Tür. »Geh nachsehen!«, murmelte Bodo müde und
drehte sich auf die andere Seite. Richtig wach wurde er erst durch das
Geräusch eines eigenartigen Klirrens. Handschellen! Derjenige, der mit ihnen
winkte, war kein anderer als Kommissar Michael Fuchs: »Ein genialer Einfall,
Biestig. Wäre nicht dieser dumme, völlig unnötige Fehler gewesen, Bodo, ich
55 hätte wirklich geglaubt, irgendein anderer Gauner wollte Sie reinlegen!«

Hier hast du Platz, die Detektivmethoden anzuwenden.

_____

_____

_____

_____

_____

_____

_____

_____

_____

_____

Nach dem Lesen:

Hast du dein Ziel erreicht und den Fall gelöst? Schreibe mit eigenen Worten auf, wie die Polizei herausgefunden hat, wer der Einbrecher war!

_____

_____

_____

_____

_____

_____

_____

_____